AF452428

TRAITÉS

DES CONTRATS

ALEATOIRES,

SELON LES REGLES

TANT DU FOR DE LA CONSCIENCE,

QUE DU FOR EXTÉRIEUR

Par l'Auteur du Traité des Oligations.

A PARIS,

Chez DEBURE l'aîné, Quai des Augustins ;
à l'Image S. Paul.

A ORLEANS,

Chez J. ROUZEAU-MONTAUT, Imprimeur du Roi,
de la Ville, & de l'Université.

M. DCC. LXVI.

Avec Approbation & Privilege du Roi.

TRAITÉ
DU JEU.

1. LA convention qui intervient entre deux joueurs par laquelle ils conviennent que celui d'entr'eux qui fera le perdant, donnera une certaine fomme à celui d'entr'eux qui fera le gagnant, eſt un contrat de la claſſe des contrats intéreſſés de part & d'autre, & aléatoires.

Quoique le gagnant reçoive la fomme convenue fans rien donner à la place, il ne la reçoit pas néanmoins gratuitement, il la reçoit comme le prix du rifque qu'il a couru de donner pareille fomme à l'autre, fi l'autre eut été le gagnant ; ce qui eſt le caractere des contrats intéreſſés de part & d'autre & aléatoires.

2. Obfervez qu'il y a deux efpeces de contrats aléatoires ; la premiere eſt de ceux

M

par lesquels il n'y a que l'une des parties
contractantes qui s'expose à un risque au
profit de l'autre partie, laquelle lui paie
ou s'oblige de lui payer le prix de ce risque sans qu'elle s'expose réciproquement
à aucun risque. Tel-est le *Contrat d'As-*
surance. Il n'y a que l'une des parties,
c'est-à-dire l'assureur, qui se charge des
risques maritimes des effets de l'assuré :
l'autre partie qui est l'assuré, lui paie ou
s'oblige de lui payer la prime qui est le
prix de ce risque, sans que l'assuré s'expose de son côté à aucun risque. Il en
est de même du contrat à la grosse.

La seconde espece de contrats aléatoires est de ceux par lesquels chacune des
parties se charge réciproquement d'un
risque, qui est le prix de celui dont l'autre se charge. De ce nombre est le contrat à rente viagere, qu'on appelle aussi
à fond perdu, dont nous avons parlé en
notre Traité du Contrat de Constitution.
Par ce contrat le vendeur court le risque
de ne recevoir rien ou presque rien pour
la chose qu'il vend à l'acheteur, si le
vendeur venoit à mourir peu après le
contrat; & ce risque que court le vendeur est le prix de celui que court de
son côté l'acheteur, de payer au vendeur
le double ou le triple du prix de cette
chose, si le vendeur vivoit très-long-tems

Le *Contrat du jeu* eſt de cette ſeconde eſpece. Chacun des joueurs court le riſque de donner à l'autre la ſomme convenue, ſi c'eſt l'autre qui gagne la partie. Et ce riſque-que l'un court eſt le prix de celui que l'autre joueur court de ſon côté de lui en donner autant, ſi c'eſt lui qui la gagne.

Nous diſtribuerons ce petit traité en trois Chapitres; nous examinerons dans le premier ſi le jeu eſt mauvais par le Droit naturel : nous rapporterons dans le ſecond les Loix Romaines & les principales Loix du Royaume ſur le jeu : nous examinerons dans le troiſieme ſi celui qui a perdu une ſomme ou une autre choſe au jeu, eſt obligé dans le for de la conſcience de la payer, ou ſi au contraire celui qui a gagné eſt obligé à reſtitution lorſqu'il a reçu le prix du jeu.

CHAPITRE PREMIER.

Si le Jeu est mauvais par le Droit Na-
turel.

LE contrat que renferme le jeu peut
être considéré, 1°. en lui-même &
sans aucun rapport à la fin pour laquelle
il intervient ; 2°. par rapport à cette
fin.

SECTION PREMIERE.

Du Contrat que renferme le jeu considéré en
soi-même & sans rapport à la fin.

Nous verrons dans un premier article
si le jeu considéré en lui-même, sans aucun rapport à la fin que les joueurs se
proposent, est mauvais ; nous verrons dans
un second article quelles sont les conditions qui y doivent être observées pour
qu'il soit conforme aux régles de la Justice.

ARTICLE PREMIER.

Si le jeu confidéré en lui-même & fans au-
cun rapport à la fin que fe propofent les
joueurs eft mauvais.

3. Le jeu eft un contrat intéreffé de
part & d'autre & aléatoire, qui n'étant
confidéré qu'en lui-même & fans aucun
rapport à la fin que fe propofent les
joueurs, ne paroît pas contenir rien de
mauvais, pourvu qu'on y ait obfervé les
conditions que nous expliquerons en l'article fuivant.

Tous conviennent affez de ce principe,
à l'égard des jeux d'adreffe, c'eft-à-dire,
de ceux dans lefquels le gain de la partie
dépend principalement de l'habileté du
joueur.

On en convient même affez à l'égard
des jeux mixtes, c'eft-à-dire de ceux dans
lefquels le hazard concourt avec l'habileté
du joueur au gain de la partie.

4. La difficulté tombe fur le jeu de pur
hazard. Plufieurs Théologiens Catholi-
ques, & même des Docteurs Proteftans
ont cru trouver dans ces jeux un vice intrinfeque qui confifte dans la profanation
du fort, qu'ils regardent comme quelque
chofe de religieux.

Pour regarder le fort comme quelque
chofe de religieux, ils fe fondent fur ce
que Dieu manifeftoit fa volonté aux Ifraélites par la voie du fort ; c'eft par
cette voie qu'il leur fit connoître le choix
qu'il avoit fait de Saül pour régner fur
eux ; Jofué avoit employé cette voie pour
la découverte du péché d'Achan, qui
avoit attiré la colere de Dieu fur Ifraël ;
elle fut auffi employée pour découvrir le
péché de Jonathas.... Dieu avoit pref-
crit la voie du fort pour le partage de la
terre de Chanaan, comme il eft rapporté
au Livre des Nombres, *ch.* 33. *v.* 54. On
l'employoit dans le facrifice dont il eft
parlé au Lévitique, ch. 16. à l'égard du
bouc émiffaire.

Les autres nations avoient auffi recours à la voie du fort, pour connoître la volonté de Dieu. Dans le vaiffeau
où étoit Jonas, on eut recours à cette
voie pour connoître quelle étoit la perfonne qui attiroit fur le vaiffeau la colere
de Dieu, & la tempête.

On a eu auffi recours à la voie du
fort dans l'Eglife, pour connoître la
volonté de Dieu, comme nous l'appre-
nons des Actes des Apôtres, où nous lifons
que les Apôtres eurent recours à cette
voie pour connoître la volonté de Dieu
fur l'élection de S. Mathias à l'Apoftolat.

Enfin, on dit que les Livres Saints nous font regarder le fort comme quelque chofe où Dieu préfide d'une maniere particuliere ; c'eft en ce fens que ces Théologiens entendent ce texte des proverbes XVI. 33. *Sortes in finum mittuntur, fed à Domino temperantur.*

De tout ceci ils concluent que le fort eft une chofe deftinée de fa nature à connoître la volonté de Dieu, & par conféquent une chofe religieufe ; que c'eft en faire une profanation criminelle que de l'employer à un ufage auffi profane & auffi puerile que le jeu ; & que tout jeu de hazard par cette profanation qu'il renferme, a un vice intrinfeque qui le rend mauvais en foi.

5. Les raifonnemens de ces Théologiens ne me paroiffent pas convaincans : il eft vrai que le fort a fervi autrefois à déclarer aux Ifraélites la volonté de Dieu. Le fort, lorfqu'il étoit employé à cet ufage, ou plutôt l'ufage qu'on faifoit en ce cas du fort, étoit quelque chofe de religieux : mais c'eft une fauffe conféquence que de vouloir conclure de là que hors le cas auquel le fort étoit employé à cet ufage, le fort foit en foi quelque chofe de religieux, & qu'il ne puiffe fans profanation être employé à des chofes profanes : on emploie l'eau à quelque chofe

de religieux en l'employant à adminiftrer
le Sacrement de Baptême : s'enfuit il que
l'eau foit en foi quelque chofe de religieux,
& qu'on ne puiffe l'employer à des ufages
profanes.

C'eft donc fans raifon que ces Théologiens prétendent que le fort eft en foi
quelque chofe de Religieux, & que les
jeux de hafard où il eft employé renferment une prophanation d'une chofe religieufe.

Ils ont d'autant moins lieu de le prétendre, que fi on s'eft fervi du fort chez
les Ifraëlites pour connoître la volonté
de Dieu, on ne le fait plus fervir à cet
ufage chez les Chrétiens ; il eft vrai que
les Apôtres l'ont employé à cet ufage
pour l'Election de Saint Matthias à l'A-
poftolat, mais c'eft par une infpiration particuliere : cet exemple ne peut être tiré à
conféquence, & un collateur qui auroit
aujourd'hui recours à la voie du fort pour
connoître la volonté de Dieu fur le fujet
qu'il doit nommer à un bénéfice vacant,
feroit regardé comme extravagant.

6. A l'égard de ce que dit Salomon :
*fortes in finum mittuntur, fed à Domino
temperantur,* cela ne doit point être en-
tendu en ce fens que Dieu préfide au fort
d'une maniere extraordinaire & furnatu-
relle, fi ce n'eft dans les cas extraordinai-

res auxquels Dieu a permis qu'on le conſultât par cette voie ; hors ces cas, ce texte ne veut dire autre choſe, ſinon que ce qui paroît arriver par le ſort arrive par la volonté de Dieu, qui dirige le ſort non d'une maniere extraordinaire & ſurnaturelle, mais de la même maniere dont il dirige tous les événemens du monde, les plus petits comme les plus grands. Cela eſt dit dans le même ſens qu'il dit ailleurs : *cor hominis diſponit viam ſuam, ſed Domini eſt dirigere greſſus.*

Lorſque nous jouons enſemble à un jeu de haſard, & que je gagne la partie, il eſt vrai que je ne la gagne que parce que Dieu veut que je la gagne ; mais les jeux de haſard n'ont en cela rien de différent des autres jeux ; car lorſque je vous gagne une partie de billard, je ne la gagne pareillement que parce que Dieu veut que je la gagne. De même que lorſqu'en me peignant je fais tomber quelques cheveux de ma tête, ils ne tombent que parce que Dieu veut qu'ils tombent, ne pouvant pas tomber ſans l'ordre de Dieu : *capillus de capite veſtro non peribit.*

Mais de ce que Dieu dirige le ſort d'une maniere naturelle, comme il dirige tous les autres événements, il ne s'enſuit pas que le ſort ſoit quelque choſe de religieux, & que ce ſoit une prophanation

d'une chose religieuse que de s'en servir
au jeu.

7. Un Théologien que j'ai consulté, &
qui a eu la bonté de jetter la vue sur ce
petit traité, m'a fait cette objection : le
fort (a-t-il dit) dépendant de Dieu seul,
sans qu'il y intervienne rien de l'industrie
& de la sagesse humaine, employer la voie
du fort, c'est consulter Dieu ; ce qui ne
doit se faire que pour des choses qui le
méritent. Je réponds qu'on ne peut pas
consulter Dieu sans avoir l'intention de
le consulter. Les joueurs n'ayant pas cette
intention lorsqu'ils jouent, on ne peut pas
dire qu'ils consultent Dieu. D'ailleurs les
événements du fort dans l'ordre naturel,
ne dépendent de la volonté de Dieu que
de la même maniere dont en dépendent
tous les autres événements ; ils dépendent
les uns & les autres d'un certain concours,
& d'une certaine combinaison de causes
naturelles qui les produisent sous la di-
rection de la volonté de Dieu ; la seule
différence entre les uns & les autres,
c'est que les événements du fort ont des
causes qui nous sont totalement inconnues
au lieu que nous connoissons au moins en
partie les causes qui produisent les autres
événements. Celui qui joue un jeu de hasard, attend du fort le gain de la partie ,
c'est-à-dire, d'un assemblage de causes na-

turelles qui lui font inconnues , & dans lefquelles confifte proprement le fort : au lieu que celui qui joue un jeu d'adreffe , l'attend de fon habileté , qui eft une caufe qui lui eft connue ; mais on ne peut pas dire de l'un plutôt que de l'autre , qu'en jouant il confulte Dieu.

ARTICLE II.

Quelles conditions doivent être obfervées dans le jeu pour qu'il ne s'écarte pas des régles de la juftice.

8. Il faut, 1°. que chacun des joueurs ait le droit de difpofer de la fomme qu'il joue ; il faut, 2°. que chacun des joueurs apporte au contrat que renferme le jeu un confentement parfait ; 3°. Il faut qu'il y ait égalité dans la partie. 4°. Il faut que les joueurs aient apporté au jeu la fidélité qui y eft requife.

Nous traiterons féparément de chacune de ces quatre conditions dans autant de paragraphes.

§. I.

Il faut que chacun des joueurs ait droit de difpofer de la fomme qu'il joue.

9. Suivant ce principe , un enfant de famille ne peut valablement jouer que des

fommes modiques que les parents lui ont donné pour fes menus plaifirs , & dont ils lui ont permis de difpofer.

C'eft pourquoi fi un fils de famille abufant de la confiance de fon pere qui lui laiffe le maniment de fes affaires , prenoit dans la caiffe de fon pere une fomme pour la jouer, non-feulement il ne la joueroit pas valablement, mais il commettroit un vol de cette fomme qui appartient à fon pere , & celui qui la lui auroit gagnée au jeu feroit complice du vol, s'il avoit connoiffance de fon état de fils de famille.

S'il n'en avoit pas connoiffance , il ne feroit pas à la vérité coupable de vol , mais il ne feroit pas moins obligé de reftituer au pere la fomme qu'il a gagnée à ce fils de famille lorfqu'il viendroit par la fuite à connoître l'état de ce fils de famille ; car ce fils de famille lorfqu'il a joué cette fomme , n'ayant pas eu le droit d'en difpofer, n'a pu la jouer valablement , ni en transferer la propriété à celui qui l'a gagnée.

10. Un mineur ne peut pareillement jouer valablement que des fommes modiques , dont fon tuteur lui permet de difpofer pour fes menus plaifirs ; s'il avoit trouvé le moyen de prendre à fon tuteur une fomme que fon tuteur avoit reçue

pour lui, il n'auroit pas à la vérité commis un vol, car on ne peut pas voler fa propre chofe : *Rei fuæ furtum non fit*; mais il ne pourroit pas jouer valablement cette fomme, parce que quoiqu'elle lui appartienne, il n'a pas le droit d'en difpofer ; c'eft pourquoi celui qui la lui auroit gagnée feroit obligé à la reftituer.

Quand même un mineur feroit émancipé foit par lettres du Prince, foit même par le mariage, il ne pourroit pas jouer valablement des fommes un peu confidérables, car l'émancipation ne donne aux mineurs que le droit d'adminiftrer leurs biens ; elle ne leur donne pas le droit d'en difpofer à leur gré & de le diffiper, ni par conféquent de le jouer.

C'eft pourquoi celui qui a gagné au jeu à un mineur quoique marié ou émancipé une fomme un peu confidérable, eft obligé de la lui reftituer.

Il y eft obligé quand même il auroit ignoré qu'il fût mineur ; car il fuffit que ce mineur n'ait pas le droit de difpofer de la fomme en cette maniere, pour qu'il n'ait pu en transferer la propriété à celui qui la lui a gagnée ; c'eft le cas de la regle de droit : *qui cum aliquo contrahit, debet effe gnarus conditionis ejus cum quo contrahit.*

Un majeur interdit pour caufe de prodigalité eft femblable à un mineur qui eft fous puiffance de tuteur.

11. Une femme fous puiffance de mari ne peut pareillement jouer valablement que des fommes modiques avec la permiffion au moins préfumée de fon mari. Quand même fon mari lui accorderoit le maniment de tout l'argent de la communauté, elle ne pourroit pas jouer valablement des fommes un peu confidérables; car fon mari en lui accordant le maniment de l'argent de la Communauté, le lui accorde pour s'en fervir aux affaires de la Communauté; & non pas pour le jouer & le diffiper.

Quand même la femme feroit féparée de biens, elle ne pourroit pas jouer valablement des fommes de deniers à elles appartenantes qui feroient un peu confidérables; car la féparation lui donne bien le droit de contracter fans être autorifée pour ce qui concerne l'adminiftration de fes biens; mais elle ne lui donne pas le droit de diffiper fon bien & de le jouer; c'eft pourquoi celui qui lui auroit gagné au jeu des fommes confidérables eft obligé de les lui reftituer.

12. Lorfque j'ai joué une fomme confidérable contr'un mineur ou une autre perfonne qui n'avoit pas le droit de dif-

poser de la somme qu'il a jouée ; quoique j'eusse le droit de disposer de celle que j'ai jouée, je ne l'ai pas jouée plus valablement qu'il a joué la sienne ; c'est pourquoi si c'est ce mineur qui a gagné, la somme que j'ai jouée contre lui ne lui est pas dûe ; car le contrat que renferme le jeu n'étant pas un contrat de bienfaisance, mais un contrat intéressé de part & d'autre, un contrat aléatoire où il doit y avoir de part & d'autre une égalité de risques, je ne peux devoir au gagnant la somme que j'ai jouée, qu'autant que le gagnant auroit couru le risque de me donner pareille somme dans le cas auquel j'aurois été le gagnant. La somme que j'ai jouée ne peut lui être dûe que comme le prix de ce risque qu'il auroit couru ; or ce mineur n'a pu courir le risque de me donner la somme qu'il a jouée dans le cas auquel j'aurois été le gagnant, puisque c'étoit une somme dont il n'avoit pas le droit de disposer : donc lorsque c'est lui qui a gagné, la somme que j'ai joué contre lui ne lui est pas dûe ; le contrat que nous avons fait ensemble est nul.

§. I I.

Du libre consentement des joueurs.

13. Le consentement est de l'essence de

tous les contrats ; il est donc nécessaire à l'égard du contrat que renferme le jeu, de même qu'à l'égard de tous les autres contrats, pour qu'il soit valable, que chacun des joueurs y ait apporté un parfait consentement.

De là il suit que lorsque l'un des joueurs est dans un état d'yvresse, le contrat que renferme le jeu est nul. Nous ne parlons pas ici d'une yvresse qui priveroit entiérement la personne de l'usage de sa raison ; il est évident, que dans cet état elle est incapable de contracter, & par conséquent de jouer ; nous parlons d'une yvresse, qui, sans rendre la personne absolument incapable de consentement, peut seulement rendre imparfait son consentement, en l'empêchant de faire les reflexions qu'elle eût pu faire, si elle eût été à jeun.

Cette décision a lieu quand même celui qui auroit joué contre cet yvrogne, n'auroit eu au jeu aucun avantage sur lui, soit parce qu'il étoit lui-même aussi yvre que lui, soit parce que le jeu étoit un jeu de pur hasard pour lequel il ne faut aucune réflexion, & dans lequel par conséquent celui qui est capable d'en faire, & qui a l'usage entier de sa raison n'a aucun avantage sur celui qui ne l'a pas ; car ce n'est pas en ce cas le défaut d'égalité qui rend le contrat nul, c'eſt l'imperfection du conſentement de celui des joueurs qui étoit yvre, lequel n'auroit peut-être pas voulu jouer la ſomme qu'il a jouée, ſi l'yvreſſe ne l'eût empêché de faire les réflexions qui l'en auroient détourné.

14. Il n'eſt pas douteux ſuivant ces principes, que ſi celui qui a joué contre celui qui étoit yvre a gagné, il ne peut pas recevoir de lui le prix du jeu, & s'il l'a reçu il eſt obligé de le reſtituer ; il y a un peu plus de difficulté dans le cas inverſe auquel c'eſt le joueur qui étoit yvre qui a gagné celui qui jouiſſoit de toute ſa raiſon. Le prix du jeu eſt-il en ce cas dû au joueur qui étoit yvre ? Je crois qu'il faut décider pour la négative ; car il eſt de l'eſſence du contrat que renferme le jeu, que le gagnant reçoive du perdant le prix du riſque que le gagnant a couru de donner une pareille ſomme au perdant dans le cas auquel le perdant auroit gagné ; or le joueur yvre n'a couru aucun riſque de donner aucune ſomme à l'autre joueur, puiſqu'on ſuppoſe que ſi ce joueur yvre eût perdu, il n'eût pas été obligé de rien donner à l'autre ; donc lorſqu'il gagne, il ne doit rien recevoir de l'autre, ne devant pas recevoir le prix d'un riſque qu'il n'a pas couru.

On oppofera peut-être qu'il eft décidé en droit que lorfque je contracte avec un impubere ou une autre perfonne qui n'eft pas capable de donner au contrat un confentement parfait , quoique par ce contrat cet impubere ne foit pas obligé envers moi , néanmoins je fuis obligé envers lui.

Je réponds que ce principe a lieu dans les contrats commutatifs en ce fens que je ne peux contraindre l'impubere à tenir le marché , quoiqu'il puiffe me contraindre à le tenir s'il trouve qu'il lui eft avantageux : mais il ne peut me contraindre à lui donner la chofe que je me fuis obligé de lui donner , qu'il ne me donne celle qu'il doit me donner à la place ; par exemple , fi j'ai vendu mon cheval à un impubere pour le prix de quinze piftoles , je ne peux obliger cet impubere à prendre mon cheval & à me payer les quinze piftoles , & il peut au contraire , s'il trouve le marché avantageux , m'obliger à lui donner le cheval ; mais il ne peut m'obliger à le lui donner qu'en me payant les quinze piftoles qui font le prix de mon cheval.

Ces principes qui ont lieu dans les contrats commutatifs ne peuvent avoir lieu dans un contrat aléatoire , tel que celui

que renferme le jeu. Lorſque je joue contre un impubere , je ne peux être obligé
envers lui s'il ne l'eſt pas envers moi ; car
s'il ne l'eſt pas envers moi , il n'a pas couru le riſque de me payer le prix du riſque dans le cas où il ſeroit le gagnant , &
s'il n'a pas couru le riſque , je ne peux lui
devoir le prix du jeu, que je ne me ſuis obligé de lui donner qu'à la place de ce riſque. C'eſt comme ſi dans l'eſpèce du contrat commutatif ci-deſſus rapportée, l'impubere vouloit exiger de moi mon cheval
ſans me payer les quinze piſtoles que je
dois avoir à la place.

15. Le parfait conſentement de chacun
des joueurs étant néceſſaire pour la vali-
dité du contrat que renferme le jeu , il
s'enſuit que ſi l'un des joueurs a contraint
l'autre à jouer, le contrat n'eſt pas valable ; car un conſentement extorqué par
contrainte , n'eſt pas un parfait conſentement.

Ce n'eſt pas ſeulement à l'égard de la
premiere partie que chacun des joueurs
doit avoir la liberté de jouer ou de ne pas
jouer ; il en eſt de même des autres parties , chacun des joueurs doit avoir la liberté de ſe retirer du jeu quand bon lui
ſemble, à moins que dès le commencement du jeu les joueurs ne fuſſent conve-

nus que celui qui gagneroit la premiere
partie donneroit à l'autre la revanche. Sans
cela on ne peut fans injuftice le contraindre de la donner, & le contrat que renferme la revanche qu'il auroit été contraint de donner, n'eft ni moins injufte
ni plus valable, qu'une premiere partie
qu'on auroit contraint l'un des joueurs de
jouer.

Dans tous ces cas, celui qui m'a contraint à jouer, foit une premiere partie,
foit une revanche ne peut, lorfqu'il a gagné, recevoir de moi licitement le prix
du jeu, & s'il l'a reçu il eft obligé de me
le reftituer ; il y eft obligé non-feulement
par ce que l'imperfection de mon confentement qui n'a pas été libre empêche la liberté du contrat, mais encore parce que
celui qui m'a contraint à jouer malgré
moi, ayant en cela commis envers moi
une injuftice, il eft obligé envers moi à la
réparation du tort qu'elle m'a caufé, ce
qui confifte dans la reftitution de la fomme
que j'ai perdue.

16. Le contrat qui n'eft pas valable de
ma part par l'imperfection de mon confentement ayant été contraint de jouer
malgré moi, l'eft-il de la part de celui qui
m'a contraint ; & fi je gagne la partie,
puis-je licitement recevoir de lui le prix
du jeu ? Cette queftion fe décide par une

distinction. S'il eût été au pouvoir de celui qui m'a contraint à jouer dans le cas auquel il auroit gagné de me faire payer le prix du jeu, parce que nous avions mis argent sur table, & qu'il m'eût été difficile de l'empêcher de prendre l'argent, & de me le faire restituer; ou bien, si ayant joué l'un & l'autre sur notre parole, j'eusse été en jouant dans la disposition de volonté de lui payer le prix du jeu dans le cas auquel il seroit le gagnant; dans l'un & dans l'autre de ces cas ayant couru le risque de lui donner le prix du jeu si j'eusse perdu, je peux licitement recevoir de lui ce prix du jeu lorsque j'ai gagné.

Mais, si ayant été contraint de jouer, & ayant joué sur ma parole, j'ai été en jouant dans la disposition de volonté de ne pas payer le prix du jeu, dans le cas auquel celui qui m'a contraint seroit le gagnant, & de me défendre de le payer, par la raison de la contrainte qu'on a employée pour me faire jouer; en ce cas, n'ayant couru aucun risque de perdre, si celui qui m'a contraint eût gagné, puisque je ne l'aurois pas payé dans ce cas là, je ne peux pas licitement recevoir de lui la somme qu'il a jouée contre moi : cette somme ne pouvant m'être due qu'autant qu'elle seroit le prix du risque que

j'aurois couru de lui en donner autant,
& ne m'étant par conséquent pas due lorfque je n'ai couru aucun rifque.

17. Suppofons à préfent qu'il n'y ait
pas eu de contrainte de part ni d'autre,
mais que l'un des joueurs qui jouoient
fur leur parole ait joué avec une difpofition fecrete de volonté de ne pas payer
dans le cas auquel il perdroit, & de fe
défendre par les loix qui dénient l'action
pour le jeu, & néanmoins de recevoir le
prix du jeu dans le cas contraire auquel
il feroit le gagnant; il eft évident que celui qui a joué avec cette difpofition de volonté, ne peut pas licitement recevoir le
prix du jeu dans le cas où il feroit le gagnant, & que s'il l'a reçu il eft obligé de
le reftituer.

Les raifons font 1°. que le contrat du
jeu eft en ce cas nul par le défaut du confentement du joueur qui, n'ayant pas eu
la volonté de payer dans le cas où il perdroit, n'a pas confenti au contrat, mais
a feulement feint d'y confentir. 2°. Parce
que n'ayant pas couru le rifque de perdre, le prix du jeu ne peut lui être dû,
n'étant dû au gagnant que pour & à la
place du rifque que le gagnant a couru
de perdre.

18. Dans le cas inverfe, lorfque celui
qui a joué contre moi avec une intention

fecrete de ne pas payer, a perdu la partie, eſt-il en ce cas obligé dans le for de
la conſcience de me payer le prix du jeu?
en ſuppoſant (ce que nous examinerons
au chapitre 3) que le contrat du jeu oblige dans le for de la conſcience, il faut décider qu'il y eſt obligé. Il ne peut pas pour
s'en défendre, dire que le contrat eſt nul,
n'ayant jamais eu la volonté, & n'ayant
jamais conſenti à s'obliger de me payer
s'il perdoit la partie : car il ſuffit qu'il ait
feint de conſentir au contrat, il ſuffit qu'il
ait promis extérieurement de payer, pour
que le contrat ſoit reputé valable contre
lui ; il ſuffit qu'il m'ait fait courir le riſque de lui donner la ſomme convenue
dans le cas auquel il auroit été le gagnant,
pour qu'il ſoit tenu de me payer une pareille ſomme lorſque je ſuis le gagnant. Je
ſuis cenſé lui en avoir payé le prix par le
riſque qu'il m'a fait courir de lui en donner autant.

§. I I I.

De l'égalité qui eſt requiſe dans le contrat
du jeu.

19. Dans tous les contrats intéreſſés de
part & d'autre, chacune des parties contractantes n'ayant pas intention de rien
donner à l'autre, & ayant au contraire

intention de recevoir de l'autre l'équiva-
lent de ce qu'elle lui donne , il eſt nécef-
faire pour que le contrat ſoit conforme
aux regles de la juſtice , que ce que l'une
des parties contractantes donne ou s'oblige de donner à l'autre ſoit d'égale valeur
à ce que l'autre partie donne ou s'oblige
de ſon côté de lui donner. Voyez notre
traité *des obligations. n.* 33.

Pour faire l'application de ce principe
au contrat du jeu , qui eſt de la claſſe des
contrats intéreſſés de part & d'autre ; lorſque je joue contre vous , pour que le
contrat ſoit conforme aux regles de la
juſtice & valable , il faut que le riſque
que je cours de vous donner la ſomme
convenue dans le cas auquel vous ſerez
le gagnant , ſoit égal au riſque que vous
courez de votre côté de me donner la même ſomme dans le cas auquel je ſerois le
gagnant.

La valeur de ces riſques s'eſtime par
les degrés de probabilité ; lorſqu'il n'y a
pas plus de probabilité que je gagnerai la
partie , qu'il y en a que vous la gagnerez ;
le riſque que je coure , & celui que vous
courez ſont d'égale valeur , & le contrat
du jeu eſt en ce cas équitable.

20. Cette égalité de valeur dans les
riſques ſe trouve toujours dans les jeux de
pur haſard.

Le

Le gain de la partie dépendant dans ces jeux entiérement du pur hasard, l'un des joueurs ne pouvant pas avoir dans ces jeux aucune supériorité sur l'autre, le risque que chacun des joueurs coure est nécessairement égal ; c'est pourquoi il est nécessaire pour l'égalité dans ce contrat que la somme que je joue contre vous soit égale à celle que vous jouez contre moi.

Néanmoins, si je veux bien dans ces jeux jouer contre vous une somme plus grande que celle que vous jouez contre moi, *putà* trois écus contre deux ; il n'y aura pas à la vérité d'égalité dans le contrat, néanmoins il ne renfermera aucune injustice. Il exorbite à la vérité de la nature des contrats intéressés de part & d'autre, & il contient une donation que je vous fais dans le cas auquel vous gagnerez la partie, de l'écu dont la somme que je joue contre vous excéde celle que vous jouez contre moi ; mais cet avantage que je vous fais étant un avantage que je ne peux ignorer, & que je vous fais de mon bon gré, & avec une pleine connoissance, ne contient aucune injustice.

21. Dans les jeux qui sont mêlés d'adresse & de hasard, tels que sont le jeu du trictrac, le jeu de piquet & autres, si vous êtes plus habile que moi à ce jeu, il y a plus de probabilité que ce sera vous

qui gagnerez la partie, qu'il n'y en a que
ce fera moi ; par conféquent le rifque que
je coure de vous donner la fomme convenue fi vous gagnez, eft plus grand &
d'une plus grande valeur, que celui que
vous courez de me donner la même fomme fi je gagne ; par conféquent, fuivant
les principes que nous venons d'établir
le contrat du jeu renferme en ce cas une
injuftice.

22. On peut rétablir de deux manieres
l'égalité dans ce contrat , & le rendre
jufte & équitable entre deux joueurs de
forces inégales.

La premiere de ces deux manières eft
que vous me donniez un avantage au jeu,
par exemple tant de points d'avance, qui
compenfe la fupériorité d'habileté que
vous avez fur moi, & qui rende au moyen
de cette compenfation l'efpérance du
gain de la partie auffi probable de mon
côté, que du vôtre.

La feconde maniere de rétablir l'égalité, eft que vous qui avez fur moi une
fupériorité d'habileté jouiez contre moi
une fomme plus grande que celle que je
joue contre vous, dans la même propor-
tion que le rifque que je cours de perdre
eft plus grand que celui que vous courez
de vôtre côté.

Par exemple fi au moyen de la grande

supériorité que vous avez sur moi, le risque que je cours de perdre est plus grand du double que celui que vous courez ; il y aura égalité dans le contrat si vous jouez contre moi une somme qui soit le double de celle que je joue contre vous, *puta* si vous jouez six livres contre trois que je joue contre vous.

Lorsque la supériorité que vous avez sur moi n'est pas compensée de l'une de ces deux manieres, l'inégalité qui se trouve dans le contrat le rend injuste, si ce n'est qu'en jouant contre vous avec une pleine connoissance de votre supériorité sur moi, j'aie eu intention de vous gratifier, & que je vous l'aie déclaré.

Mais si je n'ai pas eu intention de vous gratifier, & que néanmoins ayant une fausse confiance que le hazard me favoriseroit, quoiqu'averti de votre supériorité je veuille quoiqu'à forces inégales & sans aucun avantage jouer contre vous une somme égale de part & d'autre, vous ne pouvez pas sans injustice jouer contre moi cette somme égale sans me faire aucun avantage de votre part.

On opposera que dans le contrat de vente, je peux sans injustice vous vendre une chose qui a un vice, en vous avertissant du vice ; la réponse est que lorsque je vous ai averti du vice de la chose, je

N ij

peux bien vous la vendre sans injustice, pourvu que je ne vous la vende que le prix qu'elle vaut eu égard au vice qu'elle a ; car ne vous vendant la chose que le prix qu'elle vaut eu égard à ce vice, il y a égalité dans le contrat ; il ne renferme aucune injustice ; la réticence du vice de la chose, qui eut pu vous détourner de l'acheter, étant la seule injustice que ce contrat, d'ailleurs égal, pouvoit renfermer : au contraire dans notre espéce quoique vous m'ayez averti de votre supériorité au jeu, le contrat ne laisse pas d'être injuste, l'injustice du contrat ne venant pas en ce cas de la réticence de votre supériorité, mais de l'inégalité, que cette supériorité cause dans le contrat, lorsqu'elle n'est pas compensée par l'une des deux manieres dont nous avons vu ci-dessus qu'elle pouvoit l'être.

On ne peut pas dire que le consentement que je donne à jouer avec vous à forces inégales, en étant averti, couvre cette injustice suivant cette maxime, *volenti non fit injuria* : je répons que cette maxime n'a aucune application : car si je consens à jouer avec vous à forces inégales, quoiqu'averti de votre supériorité, ce n'est pas que j'aie la volonté de vous gratifier & de vous faire aucun avantage,

mais c'eſt parce que je me perſuade par
erreur ou que je ſuis auſſi habile que vous,
ou que je ſuis heureux au jeu, & que ce
bonheur que je m'imagine avoir au jeu
compenſe votre ſupériorité ; l'avantage
que je vous fais en jouant contre vous à
forces inégales, n'eſt donc pas un avantage que je vous fais *volens*, & ce n'eſt
pas le cas de la maxime *volenti non fit injuria ;* c'eſt un avantage què l'erreur en
laquelle je ſuis m'engage à vous faire, &
vous ne pouvez pas ſans injuſtice profiter
de mon erreur.

23. L'injuſtice qui ſe rencontre dans
le contrat par lequel je joue avec vous à
forces inégales quoiqu'averti de votre ſupériorité, le rend-t-elle entierement nul? ou
ſeulement réformable & réduĉtible à la
ſomme contre laquelle eu égard à votre
ſupériorité ; vous auriez pû jouer équitablement celle que vous avez jouée.

Par exemple, en ſuppoſant que la ſupériorité que vous avez ſur moi rende le
riſque que je cours de perdre la partie,
plus grand du double que celui que vous
courez de la perdre, vous pouvez jouer
équitablement contre moi une ſomme
qui ſoit le double de celle que je jouerai
contre vous. Si néanmoins nous avons
joué de part & d'autre une ſomme égale, *putà* une ſomme de ſix livres, l'injuſ-

tice que renferme ce contrat le rend-t-elle
entierement nul de maniere que si vous
gagnez, je ne vous doive rien, ou le contrat sera-t-il seulement réformable ? Je
pense qu'il doit seulement être réformable, & que si vous gagnez la partie, je
vous dois, non pas à la vérité une somme
de six liv. mais une somme de trois liv.
qui est celle contre laquelle, vous pouviez jouer contre moi celle de six livres,
en effet puisque j'ai voulu jouer quoiqu'a-
verti de votre supériorité, puisque j'ai pû
gagner la somme de six livres, & que
vous avez couru envers moi un risque de
me payer cette somme dans le cas auquel
j'aurois gagné, qui étoit un cas très possi-
ble, il ne seroit pas équitable de mon
côté que je n'en eusse couru aucun ; c'est
pourquoi dans le cas auquel vous avez
gagné la partie, je vous dois payer pour
le prix du risque que vous avez couru, non
pas à la vérité une somme de six livres,
le risque que vous avez couru n'étant pas
égal au mien, mais une somme de trois
livres qui est le véritable prix de ce risque
qui étoit moindre de la moitié que celui
que j'ai couru.

Il faudroit décider autrement, si par
dol vous m'aviez engagé à jouer contre
vous à forces inégales, en me cachant la

supériorité que vous aviez fur moi au jeu; le contrat en ce cas eft entierement nul de votre côté; fi vous gagnez vous ne pouvez licitement rien recevoir du prix du jeu; & fi vous l'avez reçu, vous êtes obligé à me le reftituer: car c'eft par votre dol que j'ai été engagé à faire cette partie de jeu, que je n'aurois pas voulu faire fi j'avois connu votre fupériorité.

24. Lorfque nous avons joué enfemble fans nous connoître, Barbeirac en fon traité du jeu, *L.* 2. *ch.* 2. *n.* 15. penfe que la fupériorité que vous vous trouvez avoir fur moi n'empêche pas que vous ne puiffiez recevoir licitement en entier le prix du jeu pour la premiere partie; parce que ne nous connoiffant pas ni l'un ni l'autre, fi j'ai couru le rifque de trouver en vous un joueur plus fort que moi, vous avez pareillement couru le rifque de trouver en moi que vous ne connoiffiez pas un joueur plus fort que vous, ce qui fait dans le contrat que nous avons fait pour cette premiere partie, une égalité de rifques de part & d'autre qui le rend équitable.

Je penfe au contraire que même en ce cas le contrat eft réformable & que vous ne pouvez, fi vous gagnez la partie, recevoir licitement la fomme entiere, mais

feulement celle contre laquelle eû égard
à votre fupériorité, vous pouviez jouer
équitablement celle que vous avez jouée;
il eſt vrai qu'ignorant de part & d'autre,
nos forces, nous avons fait de bonne foi
le contrat; mais le riſque que je cours
parce contrat étant, eu égard à la fupériorité que vous avez fur moi, plus grand,
putà du double, que celui que vous courez, ce contrat ne laiſſe pas de renfermer
en foi une injuſtice, & de pécher contre l'égalité, en ce que le riſque que je
cours, quoique double de celui que vous
courez, n'y eſt pas plus payé que celui que
vous courez : ce contrat étant donc injuſte
en foi, quoique nous l'ayons fait de bonne
foi, vous n'en êtes pas moins obligé à en
réformer l'injuſtice, en réduiſant la fomme que je vous dois pour le gain de la
partie, à la moitié de celle que vous avez
joué contre moi.

Il en eſt de ce contrat comme d'un
contrat de vente par lequel une choſe auroit été vendue au-delà de fon juſte prix :
quoique l'une & l'autre des parties
ayent de part & d'autre ignoré le prix de
la choſe vendue, & ayent contracté de
bonne foi, le contrat ne laiſſe pas d'être
injuſte en foi par l'excès du prix, & le
vendeur lorſqu'il vient à découvrir cette

injuſtice eſt obligé à la réparer, en rendant à l'acheteur l'excédent qu'il a payé du juſte prix, ou en l'en déchargeant s'il ne l'a pas encore payé. Pareillement quoique dans notre eſpéce nous ayons contracté de bonne foi, le contrat ne laiſſe pas d'être injuſte, & vous êtes obligé d'en réformer l'injuſtice de la maniere dont nous venons de le dire, lorſqu'en jouant, vous vous êtes apperçu de votre ſupériorité.

A l'égard de ce que dit Barbeyrac, que chacun des joueurs ignorant la force de ſon adverſaire lorſqu'ils ont fait la partie, chacun a de part & d'autre couru le riſque de trouver dans ſon adverſaire un joueur plus fort que lui, ce qui forme entr'eux une égalité de riſques : je répons que ce riſque que chacun de ces joueurs a couru de trouver dans ſon adverſaire un joueur plus fort que lui, eſt un riſque étranger, & n'eſt pas ce qui forme la ſubſtance du contrat ; d'ailleurs il eſt faux qu'il y ait égalité entre les joueurs, même à l'égard de cette eſpéce de riſque ; car le riſque que le bon joueur a couru de trouver dans ſon adverſaire qu'il ne connoiſſoit pas, un joueur plus fort que lui, étoit beaucoup moindre que celui que couroit le joueur ignorant.

N v

25. Il nous reſte à parler de la troi-
ſiéme eſpéce de jeux, qui ſont les jeux de
pure adreſſe; dans ces jeux il n'eſt pas
douteux, que le contrat eſt inégal, &
par conſéquent injuſte, ſi celui des joueurs
qui eſt conſidérablement plus fort que
l'autre, ne récompenſe pas la ſupériorité
qu'il a ſur lui, en lui donnant au jeu un
certain avantage comme un certain nombre de points : ſans cela à moins que celui qui eſt le plus foible, n'ait intention
de couvrir d'une perte au jeu la gratifi-
cation qu'il veut faire à l'autre ; il n'eſt
pas permis à celui qui eſt le plus fort de
jouer avec lui, même des ſommes inégales.

En cela les jeux de pure adreſſe ſont
différents des jeux mixtes : la raiſon de
différence eſt ſenſible; dans les jeux mixtes, le hazard favoriſe quelque fois telle-
ment le joueur ignorant, qu'il lui donne
le gain de la partie : c'eſt pourquoi dans
ces jeux le bon joueur quelque fort qu'il
ſoit, n'a pas une certitude du gain de la
partie; il n'a qu'une plus grande probabilité; il ne joue pas à coup ſûr; il coure
un riſque, quoique moins grand que celui que coure le joueur ignorant qui joue
contre lui; c'eſt pourquoi il peut jouer équitablement contre lui, pourvu qu'il joue
une ſomme plus forte, que celle que le

joueur ignorant joue contre lui, & elle
doit être plus forte dans la même propor-
tion que le rifque que coure l'autre joueur
eft plus grand.

Mais dans les jeux de pure adreffe, le
joueur qui eft confidérablement plus fort
que l'autre n'a pas feulement une probabilité, il a une certitude morale du gain
de la partie : il joue à coup fûr ; &
n'ayant couru aucun rifque il ne peut s'en
faire payer le prix par aucune fomme
quelque petite qu'elle foit & quelqu'infé-
rieure qu'elle foit à celle qu'il auroit
jouée.

§. I V.

De la fidélité que les joueurs doivent ap-
porter au jeu.

26. Il eft évident que le contrat du
jeu devient injufte, lorfque les joueurs
manquent à la fidélité qu'ils doivent apporter au jeu.

C'eft pourquoi fi l'un des joueurs a
gagné la partie par des tricheries, *putà*
en regardant le jeu de fon adverfaire, ou
le deffous des cartes, ou en commettant
d'autres infidélités quelles qu'elles foient,
il ne peut pas licitement recevoir le prix
du jeu ; s'il l'a reçu, il eft obligé à reftitution.

La raifon en eſt évidente : lorſque les joueurs s'obligent mutuellement l'un envers l'autre de donner une certaine ſomme à celui d'entr'eux qui gagnera la partie, chacun d'eux n'entend s'y obliger que ſous la condition tacite que celui qui aura gagné la partie aura apporté au jeu, la fidélité qu'il y doit apporter. Lors donc qu'il n'a pas apporté au jeu cette fidélité, l'obligation que l'autre avoit contracté de lui payer le prix du jeu tombe par le défaut d'accompliſſement de la condition, ſous laquelle elle avoit été contractée, le prix du jeu ne lui eſt pas dû ; & s'il l'a reçu, il eſt obligé à le reſtituer.

Il y eſt encore obligé par une autre raiſon qui eſt que celui qui commet un dol envers quelqu'un, eſt tenu de l'indemniſer de ce qu'il en a ſouffert ; or, les tricheries dont l'un des joueurs ſe ſert pour faire perdre la partie à l'autre, ſont un dol qu'il commet envers lui ; il doit donc l'indemniſer de la perte de la partie qu'il lui a cauſée par ces tricheries, & par conſéquent lui reſtituer le prix du jeu qu'il a reçu de lui.

27. Par cette ſeconde raiſon le joueur qui a uſé envers moi de tricheries pour gagner la partie, non ſeulement doit me reſtituer la ſomme que je lui ai payée pour le prix du jeu, mais s'il paroiſſoit

que fans cette tricherie ce fut moi qui l'euffe gagnée, il doit outre la reftitution de la fomme que je lui ai payée, me payer la fomme qu'il m'eut payée, fi j'euffe gagné la partie; car les dommages & intérêts réfultants de fon dol dont il doit m'indemnifer renferment non-feulement la perte que fon dol m'a caufée, mais le gain dont il m'a privé; *quantùm mihi abeft, & quantùm lucrari potui,* fuivant la définition qu'en donne la loi 13. ff. *Ratum rem hab.*

Si je m'appercevois en jouant que celui contre qui je joue ufe envers moi de tricheries, pourrois-je en ufer licitement de mon côté & recevoir licitement le prix du jeu, fi par mes tricheries je gagnois la partie? non; car celui contre qui je joue, en ufant de tricheries envers moi n'a pas intention de me permettre d'en ufer de mon côté, ni de renoncer à la condition fous laquelle il s'eft obligé de me payer le prix du jeu, qui eft que je gagnerai la partie fans le fecours d'aucunes tricheries; c'eft pourquoi fi j'en ufe, quoiqu'il en ait ufé le premier, fon obligation tombe par le défaut d'accompliffement de la condition fous laquelle il s'étoit obligé envers moi, & le prix du jeu ne m'eft pas dû. Les tromperies dont je me fuis apperçu n'ont d'autre effet que

de me décharger dans le for de la confcience de l'obligation de lui payer le prix
du jeu, s'il gagne la partie, mais elles ne
m'autorifent pas à manquer de mon côté
à la fidélité qui eft dûe au jeu.

Quand même celui contre qui j'ai joué
auroit en ufant de tromperies envers moi
confenti que j'en ufaffe de mon côté, je
n'aurois pas pour cela le droit de recevoir le prix du jeu dans le cas auquel par
mes tricheries j'aurois gagné la partie,
car une telle convention qui eft nulle, *l.*
27. §. 3. *ff. de pact.* ne peut avoir aucun
effet, ni me donner aucun droit.

28. Barbeyrac compte avec raifon parmi les infidélités que l'on commet au jeu,
la diffimulation par laquelle je n'avertis
pas celui contre qui je joue, d'une méprife qui lui fait compter moins de points
qu'il n'en a fait.

Par exemple, fi celui contre qui je
joue au billard ayant déja fait dix points
depuis la partie commencée, par méprife
& par diftraction n'en compte que huit,
& que m'étant apperçu de fa méprife je le
laiffe compter huit points, cette diffimulation de ma part eft une infidélité que je
commets envers lui ; c'eft pourquoi fi
profitant de fa méprife, je gagne la partie qu'il eut gagnée s'il eut compté fes dix
points, non-feulement je dois lui rendre

la somme qu'il m'a payée pour le prix du jeu, mais je dois lui payer celle que je lui euffe payée, s'il eut gagné.

Il en eft de même du cas auquel celui contre qui je jouois aux quilles, en auroit abbatu fix, & croyant n'en avoir abbatu que cinq, n'auroit compté que cinq points au lieu de fix : fi m'étant apperçu de fon erreur je ne l'en ai point averti, c'eft une infidélité de ma part ; c'eft pourquoi fi faute de ce point qu'il a omis de compter il a perdu la partie qu'il eut gagnée s'il l'eut compté, je dois lui rendre la fomme qu'il m'a payée pour le prix du jeu, & lui payer celle que je me fuis obligé de lui payer s'il gagnoit la partie.

SECTION II.

Du jeu confidéré par rapport à la fin pour laquelle on joue.

29. Il faut à cet égard diftinguer entre le jeu défintéreffé, & le jeu intéreffé.

J'appelle jeu défintéreffé, lorfque les joueurs jouent à rien, ou lorfqu'ils jouent feulement les frais du jeu, c'eft-à-dire, lorfqu'on convient que l'avantage de celui qui gagnera la partie, confiftera en ce qu'il ne payera rien des frais du jeu, & que ce fera le perdant qui payera en en-

tier ce qu'on a coutume de donner pour
le prix des cartes aux domestiques qui les
fournissent , ou lorsque c'est une partie
de paulme ou de billard, ce qu'il est d'u-
sage de donner au tripotier pour la partie
de paulme ou de billard.

On peut aussi appeller jeu *désintéressé*,
lorsque la somme qu'on joue est si modi-
que que la perte de cette somme ne puisse
incommoder celui qui perd la partie, &
que celui qui la gagne ne puisse pas paroî-
tre s'enrichir en la gagnant.

Lorsque la chose qu'on joue est considérable , c'est ce qu'on appelle *jeu intéressé*, ou *gros jeu.*

§. I.

Des fins qu'on peut avoir dans le jeu dé-sintéressé.

30. Il y a plusieurs fins que les joueurs
peuvent se proposer lorsqu'ils jouent, &
qui peuvent les porter à jouer.

Parmi ces fins, il peut y en avoir d'honnêtes , lorsque le jeu est désintéressé , il
y en a aussi de deshonnêtes.

C'est une fin honnête , lorsqu'on joue
pour se procurer une récréation & un délassement dont l'esprit a besoin.

Il est évident que cette fin ne peut se
rencontrer que dans les personnes qui ,

après s'être occupées pendant la plus grande partie de la journée à des affaires ou à des études qui demandent de l'application, donnent une petite partie de leur temps à un petit jeu pour se procurer le délassement dont elles ont besoin.

Cette fin ne peut pas se rencontrer dans les personnes désœuvrées, qui n'occupant leur esprit à rien, n'ont pas besoin de lui procurer un délassement.

31. La fin de se rendre le corps plus souple ou plus vigoureux, est une fin honnête qu'on peut se proposer en jouant à certains jeux qui renferment un exercice du corps, tels qu'étoient chez les Grecs & chez les Romains la lutte & la course, & tel qu'est parmi nous le jeu de paulme ; on ne doit néanmoins donner à ces jeux de même qu'à tous les autres, qu'une très-petite partie de son temps.

32. C'est aussi une fin honnête, lorsqu'on joue par un motif de charité & de complaisance pour amuser un convalescent qui a besoin qu'on lui procure cette dissipation.

33. A l'égard de ceux qui donnent la plus grande partie de leur temps au jeu, & qui n'ont en jouant d'autre fin que celle de passer le temps & d'éviter l'ennui, cette fin ne peut passer pour une fin honnête. Elle est contraire au droit naturel,

qui condamne l'oisiveté comme contraire
à l'ordre de Dieu : *homo natus ad labo-
rem , ficut avis ad volatum.*

Dieu ayant établi entre les hommes une
société civile, tous les hommes qui la com-
pofent doivent, chacun felon fes talens &
fon goût , s'occuper à quelque chofe
qui foit utile au bien de cette fociété. *

Le temps eft la chofe du monde la plus
précieufe ; c'eft Dieu qui nous l'a donné ,
& il nous en demandera compte ; il ne
nous eft pas permis d'en perdre la plus
petite partie ; il eft évident que ceux qui
ne fe propofent d'autre fin en jouant que
celle *de paffer le temps* , contredifent directement ces principes du droit naturel,
puifqu'au lieu de regarder le temps , fuivant ces principes, comme quelque chofe

---

* De ce principe que tous les hommes doivent s'occuper à quelque chofe qui foit utile
au bien de la fociété civile, on ne doit pas en
tirer cette conféquence, que ceux qui s'en re-
tranchent volontairement pour fe retirer dans un
Monaftere, péchent contre le Droit naturel en
fe rendant inutiles à la Société civile; car les
perfonnes qui pour de bonnes raifons fe retirent
dans des Monafteres où l'efprit de la Religion
s'eft confervé, contribuent dans leur retraite,
plus que perfonne, au bien de la Société civile
par leurs prieres, par lefquelles ils fléchiffent la
colere de Dieu, & détournent les punitions que
nos péchés méritent, & ne manqueroient pas
d'attirer.

de très-précieux qu'on doit mettre à profit, ils le regardent comme quelque chose qui leur est à charge, & dont ils doivent chercher à se défaire ; car c'est ce
qu'ils veulent dire, lorsqu'ils disent qu'ils
jouent *pour passer le temps.*

§. II.

De la fin que peuvent avoir les joueurs dans les jeux intéressés.

34. Dans les jeux intéressés, c'est-à-
dire, lorsqu'on joue une somme d'argent
considérable, ou quelqu'autre chose dont
la perte cause au perdant une incommo-
dité notable, la seule fin qui porte à ce
jeu est un desir déréglé de gagner, & de
s'enrichir de la dépouille de celui contre
qui on joue.

35. Les fins honnêtes qui peuvent se
rencontrer dans les jeux désintéressés, &
que nous avons rapportées au paragraphe
précédent, ne peuvent se rencontrer dans
le jeu intéressé.

Une des fins les plus honnêtes du jeu est
celle de se rendre le corps plus souple &
plus vigoureux aux jeux qui contiennent
un exercice du corps, tel qu'est le jeu de la
paulme ; cette fin peut bien porter à jouer
à la paulme, mais ce n'est pas cette fin

qui porte à y jouer des sommes considérables ; car il suffit de jouer à la paulme
pour procurer au corps cet avantage ; il
n'est pas besoin pour cela d'y jouer gros
jeu ; ce ne peut donc être qu'une autre
fin qui est l'avarice , & le desir du gain
qui porte à y jouer gros jeu.

36. C'est une fin honnête à l'égard de
tous les jeux, que de chercher à se procurer une récréation & un délassement
dont l'esprit a besoin ; mais ce n'est pas
cette fin qui porte un joueur à jouer gros
jeu , puisqu'il n'est pas nécessaire pour se
procurer par le jeu ce délassement , de
jouer un gros jeu ; bien loin de cela, il
n'y a que le jeu désintéressé qui soit propre à procurer cette fin : le gros jeu qui
excite dans les joueurs un violent desir
du gain & une violente crainte de la perte , qui sont des passions qui agitent l'a-
me , n'est rien moins que propre à procurer à l'esprit ce délassement.

Les partisans du gros jeu disent que le
jeu est insipide , si on ne joue *gros jeu* ,
& qu'il ne peut par conséquent procurer
la recréation qu'on cherche dans le jeu ;
je réponds que si ces joueurs ne recher-
choient dans le jeu qu'à se délasser l'esprit , le jeu désintéressé ne leur paroîtroit
pas insipide ; il ne leur paroît tel , que
parce qu'il ne satisfait pas leur avarice ,

& le defir de gagner qu'ils apportent au jeu ; c'eft donc le defir du gain qui eft la feule fin qui porte à jouer gros jeu ; or je prétends que cette fin à l'égard du jeu n'eft pas une fin honnête, c'eft ce que j'ai à prouver.

37. Je ne condamne pas tout defir & toute recherche d'un gain légitime, pour fubvenir à nos befoins & à l'éducation de notre famille : cette recherche n'a rien que d'honnête lorfqu'elle eft réglée par les regles de la juftice, de la tempérance & de la prudence. Dans le jeu, la recherche du gain qui porte les joueurs à jouer gros jeu, eft un defir déréglé du gain, & par conféquent la fin qui porte les joueurs à jouer gros jeu, n'eft pas une fin honnête.

Je dis que c'eft un defir déréglé du gain ; car il n'eft pas conduit par la raifon, mais par la paffion ; fi le joueur confultoit fa raifon, elle lui feroit appercevoir facilement que l'efpérance du gain étant dans le jeu contrebalancée par un rifque de fe ruiner & de s'appauvrir, qui eft auffi grand que l'efpérance du gain, le jeu n'eft pas le moyen pour la fin qu'il fe propofe ; l'expérience acheveroit de le convaincre, y ayant infiniment beaucoup plus d'exemples de perfonnes qui fe font ruinées au jeu, qu'il n'y en a de perfonnes qui s'y foient enrichies, ce qui ne peut gueres être autrement, parce que dans le jeu celui qui gagne ne profite pas de tout ce que l'autre perd, & qu'il en faut néceffairement rabattre les frais du jeu qui, quoique peu confidérables par rapport à ce qu'il en coûte chaque fois, le deviennent beaucoup par la continuation & l'affiduité.

Le joueur n'étant pas porté par fa raifon à rechercher dans le jeu le gain qu'il defire faire, y eft porté par la paffion de l'avarice réunie avec la pareffe ; l'avarice fait naître en lui un défir avide du gain, & lui fait paffer en revue les différents moyens de gagner ; d'un autre côté, la pareffe s'oppofe à ce qu'il prenne pour parvenir à cette fin quelqu'uns des diffé-rents genres d'occupations lucratives, auxquelles il pourroit être propre ; il trouve dans le gros jeu une efpérance de faire un gros gain fans travail ; cette vue flatte fon avarice, & en même temps fa pareffe ; féduit & aveuglé par ces deux paffions, il donne toute fon application à confidérer le gros jeu fous cette face, & il ne fait aucune attention à l'autre face du jeu, qui lui feroit appercevoir le dan-ger du jeu, & le rifque qu'un joueur coure en jouant gros jeu, de fe ruiner ou de s'ap-pauvrir confidérablement ; cette recherche du gain qui eſt la fin qui porte les joueurs à jouer gros jeu, n'étant donc point produite par la raiſon mais par la paſſion, elle eſt un deſir déréglé, & n'eſt pas par conſéquent une fin honnête.

38. Cette recherche du gain dans le gros jeu peut d'autant moins paſſer pour une fin honnête qu'elle eſt directement op-poſée au premier précepte du droit natu-rel qui nous ordonne d'aimer notre pro-chain comme nous-mêmes ; car un joueur ne pouvant faire un gros gain au jeu qu'aux dépens de celui contre qui il joue, en le ruinant ou en l'appauvriſſant, il s'enſuit que la fin que ſe propoſe le joueur de faire au jeu un gain conſidérable, renfer-me néceſſairement la recherche de la rui-ne ou de l'appauvriſſement de celui con-tre qui on joue, qui eſt inſéparable de cet-te fin ; la fin qui porte à jouer gros jeu, eſt donc directement contraire à la cha-rité & au droit naturel, & par conſéquent n'eſt pas une fin honnête.

Dans tous les contrats intéreſſés de part & d'autre qui ſont reçus dans la ſociété civile, chacune des parties contractantes trouve un avantage dans le contrat, & les parties ſe rendent réciproquement ſer-vice ; cela eſt évident dans les contrats commutatifs ; par exemple, lorſque je vends le vin de ma recolte à un Marchand, ce Marchand me fait plaifir en me donnant de l'argent pour cette marchandife qui m'embarrafferoit, & je lui fais réciproquement plaifir en lui vendant une marchandife fur laquelle il compte faire un profit dans fon commerce. Cela fe rencontre auffi dans les contrats aléatoires. Par exemple, lorfque je donne à un riche pere de famille un héritage pour une groffe rente viagere, il me fait plaifir en me procurant le moyen de vivre plus à mon aife par la groffe rente qu'il me fait pour un héritage dont je n'ai pas befoin après ma mort ; & je lui fais plaifir de mon côté en lui procurant une chofe dont il fe trouvera après ma mort, avoir payé le prix fans prefque s'en être apperçu, ayant trouvé dans le revenu de fes biens ou de fa profeffion, d e quoi payer ma rente viagere.

Pareillement dans le contrat d'affurance maritime, les affureurs me font plaifir, en me procurant la commodité de faire avec fureté un commerce maritime que je n'oferois pas faire fans cela à caufe des gros rifques auxquels ce commerce expofe, & que je ne fuis pas en état de fupporter : de mon côté, je leur fais plaifir en contribuant par la *prime* que je leur donne, à l'entretien de leur commerce d'affurance qui, quoique dangereux &

fujet

ſujet à de groſſes pertes, leur procure néanmoins aſſez ordinairement un gain qui eſt vraiſemblable par la ſupputation qu'ils ſçavent faire de ce dont le nombre des vaiſſeaux qui arrivent à bon port, ſurpaſſe ordinairement celui de ceux qui périſſent en chemin.

Dans ce contrat d'aſſurance, l'une des parties ne recherche pas la perte du bien de l'autre ; celui qui fait aſſurer, ne cherche rien autre choſe que la ſureté des fonds qu'il fait aſſurer ; s'ils arrivent à bon port, il eſt charmé que les aſſureurs avec qui il a contracté aient gagné la prime qu'il leur a donnée, ſans qu'il leur en coûte rien.

On doit dire la même choſe du contrat à la groſſe.

Il s'en faut bien qu'il en ſoit de même dans le contrat du jeu ; il s'en faut bien que les parties s'y rendent réciproquement ſervice ; au contraire dans ce contrat, l'une des parties ne peut y trouver l'avantage qu'elle y recherche, qu'en dépouillant l'autre ; chacun des joueurs ne cherche qu'à dépouiller celui contre qui il joue, comme deux Duelliſtes cherchent réciproquement à s'ôter la vie.

Le contrat du gros jeu a donc une fin contraire à la charité, & directement oppoſée aux principes de la ſociété civile,

qui n'a établi les commerces & les contrats que pour que les membres de cette
société s'aidaſſent mutuellement , & ſe
rendiſſent mutuellement ſervice : le contrat du gros jeu conſidéré du côté de ſa
fin eſt donc contraire aux bonnes mœurs ,
& comme tel doit être proſcrit.

CHAPITRE II.

Où l'on rapporte les Loix des Romains &
les nôtres sur le jeu.

§. I.

Loix Romaines.

39. LE jeu étoit très-sévérement défendu par les Loix Romaines. Le Jurisconsulte Paul fait mention d'un Senatus-consulte, qui défendoit de jouer de l'argent à quelque jeu que ce fût, si ce n'est à certains jeux qui contenoient un louable exercice du corps, & étoient utiles pour la guerre, lesquels étoient nommément exceptés : *Senatus-consultum vetuit in pecuniam ludere; præter quàm si quis certet hastâ, vel pilo jaciendo, vel currendo, saliendo, luctando, pugnando, quod virtutis causâ fiat. L.* 2. §. fin. ff. *de aleatorib.*

40. Cette défense de jouer de l'argent comprenoit toutes les choses apprétiables à prix d'argent ; il étoit seulement permis de jouer son écot dans un festin, même à des jeux de hasard : *quod in convi-*

vio vefcendi caufâ ponitur, in eam rem aleâ ludere permittitur. L. 4. ff. d. tit.

La raifon de cette exception eſt ſenſible ; la fin qui rend le jeu contraire aux bonnes mœurs, qui confiſte dans le défir de s'enrichir aux dépens, & par la dépouille de celui contre qui on joue, ne ſe rencontre pas dans ce cas, où le prix du jeu ne doit pas entrer dans la poche du gagnant, mais doit être employé au feſtin.

41. Ce Senatus-Conſulte qui défendoit de jouer à l'argent, ne ſe bornoit pas à dénier l'action pour ce qui avoit été gagné au jeu ; il donnoit une action au perdant contre le gagnant, pour répéter ce qu'il lui avoit payé pour le prix du jeu.

On admettoit à cette répétition, même les enfans contre leur pere, & les affranchis contre leur patron : *adverſùs parentes & patronos eſt repetitio ejus quod in * aleâ luſum eſt ; ** utilis ex hoc ediĉto *** datur.* D. L. 4. §. 2.

* Nous avons ſuivi la Leçon de Cujas, qui a reſtitué dans le texte ce mot *aleâ* au lieu de *familiâ*, qui ne préſente aucun ſens.

** Les enfants & les affranchis n'étoient pas admis à intenter l'action *directa*, c'eſt-à-dire qui naît directement de cette Loi ; parce que cette action étant *famoſa*, elle emportoit note d'infamie contre le joueur qui étoit condamné par cette action, & qu'il n'étoit pas permis d'intenter

On ne fait pas précifément le temps de ce Senatus - Confulte ; il peut être du temps de Septime - Severe, ou de quelqu'un de fes Prédéceffeurs. Quoiqu'il en foit, il n'avoit pas établi un droit nouveau; il ne faifoit que confirmer les anciennes loix qui n'étoient malheureufement que trop mal obfervées. Il eft fait mention dans la feconde Philippique de Ciceron, n. 28. d'une procédure criminelle (*publicum judicium*) établie contre ceux qui jouoient aux jeux de hafard.

42. Ceux qui recevoient chez eux des joueurs pour y jouer à des jeux de hafard, étoient fi odieux, que le Préteur leur refufoit toute action, pour les infultes qu'on leur auroit faites, les dommages qu'on leur auroit caufé, ou les vols qu'on leur auroit fait pendant ce temps : *Si quis eum*

les actions de cette efpece, contre les perfonnes à qui on devoit le refpect. Mais à la place de cette action, on donnoit aux enfants & aux affranchis une action *utilis* ou *in factum*, qui, fans emporter infamie, étoit aux mêmes fins.

*** Cet Edit eft le Sénatus-Confulte, dont Paul parle au commencement de la Loi ; les Edits des premiers Empereurs étoient confirmés par un Sénatus - Confulte ; c'eft pourquoi ces Loix s'appellerent *promifcuè*, tantôt *Edictum*, tantôt *Senatus-Confultum.* Voyez notre Préface *in Pand. Juftin.* pag. xv.

apud quemal eâ lusum esse dicetur, verbera-
verit , damnumve ei dederit , aut si quid eo
tempore dolo ejus substractum est , judicium
non dabo. L. 1. ff. d. tit.

Le preteur jugeoit que cet homme ayant en recevant des joueurs chez lui , donné occasion à ces délits, n'étoit pas recevable à s'en plaindre.

43. Le preteur punissoit aussi ceux qui avoient forcé quelqu'un à jouer , ils étoient punis par amende ou par prison. *D. L.* 1. §. *fin. L.* 2.

44. Justinien a encheri sur les Loix contre le jeu ; il défend , comme l'avoit fait l'ancien Senatus-Consulte , de jouer à l'argent à quelque espece de jeu que ce soit , à l'exception seulement de certains jeux qui sont nommés dans sa constitution , qui contiennent un louable exercice du corps ; mais au lieu que l'ancien Sena-tus-Consulte avoit permis de jouer de l'argent à ces jeux sans limiter la somme , Justinien ordonne qu'on ne pourra jouer à ces jeux permis plus d'un écu d'or pour une partie de jeu.

A l'égard des autres jeux, Justinien donne une action aux perdants contre les gagnants , pour la répétition de ce qu'ils ont payé pour le prix du jeu , comme avoit fait l'ancien Senatus-Consulte ; mais il ajoute deux choses. 1°. Il ordonne que

cette action ne fera pas fujette à la pref-
cription ordinaire à laquelle font fujettes
toutes les actions , qui eft celle de trente
ans , & que le perdant & fes héritiers
feront reçus à cette répétition pendant
le temps de 50 ans. 2°. Il ordonne que
dans le cas auquel le perdant négligeroit
de répéter la fomme qu'il a perdu au jeu ,
les Officiers municipaux de la ville où le
délit a été commis pourroient pourfuivre
la répétition de cette fomme pour être
employée à des ouvrages publics pour
l'utilité de la décoration de la ville. *L L.*
1. 2. & 3. Cod. de Aleat.

§. II.

Des Loix des Rois de France.

45. Nous trouvons dans les Capitulai-
res de Charlemagne une loi de ce Prince qui confirme les défenfes de jouer aux
jeux de hafard , faites tant aux Laïques
qu'aux Eccléfiaftiques , par le Concile de
Mayence tenu l'an 813.

Nous avons une Ordonnance S. Louis ,
de l'an 1254, qui défend de jouer aux
dez.

Nous en avons une de Charles-Le-Bel
de l'an 1319, & de Charles V. du 13
Avril 1369, qui défend les jeux des dez,

des tables ou trictrac, des quilles, des billes, des boulles, & généralement tous les jeux, à l'exception de ceux qui font propres à exercer au fait des armes, à peine contre les contrevenants de 40 fols d'amende.

46. Par la fuite tous les jeux ne furent pas indiftinctement défendus ; car Charles VIII. dans une Ordonnance pour la Police des prifons du Châtelet de Paris, après avoir fait une défenfe générale aux prifonniers de jouer aux dez, permet aux perfonnes de naiffance qui y font retenus pour caufes légéres & civiles, de jouer au trictrac & aux échecs.

De La Marre en fon traité de la police, rapporte des Lettres-Patentes de François I. en faveur du jeu de la paulme, qui permettent d'exiger ce qui a été gagné à ce jeu.

47. Charles IX. par l'Ordonnance d'Orleans, art. 101. défend avec les Bordels, tous brelans, jeux de quilles & de dez, à peine contre les contrevenants d'être punis extraordinairement.

Le même Prince par l'Ordonnance de Moulins en 1566. art. 59. donne une action aux mineurs pour la répétition de ce qu'ils ont perdu aux jeux de hafard, *fans néanmoins approuver ces fortes de jeux entré majeurs.*

48. Par une déclaration du Roi Louis XIII. du 30 Mai 1611, il est dit « faisons dé-
» fenses à toutes personnes de tenir bre-
» lans, ni s'assembler pour jouer aux
» cartes ou aux dez, même aux pro-
» priétaires détenteurs de leurs maisons,
» ou locataires d'icelles d'y recevoir ceux
» qui tiendront lesdits brelans, ou joue-
» ront esdits jeux, à peine d'amende,
» d'autre punition s'il y échet, & d'être
» en leur propre & privé nom responsa-
» bles de la perte des deniers qui y sera
» faite, & tenus à la restitution d'iceux ».
Enjoignons aux Juges de se transporter ès maisons où ils feront avertis y avoir bre-lans & assemblées, de se saisir de ceux qui s'y trouveront, ensemble de leur ar-gent, bagues, joyaux, & autres cho-ses exposées au jeu, en faire & distri-buer les deniers aux pauvres des Hôtels-Dieu, &c.

L'Arrêt d'enregistrement déclare *nulles* les promesses faites pour le jeu, & or-donne que toute action soit déniée pour raison d'icelles.

L'Auteur de la morale de Grenoble rap-porte mal cette déclaration de 1611 ; il semble lui faire dire qu'elle donne à ceux qui ont perdu une somme au jeu le droit de la répéter contre les gagnants à qui ils l'ont payée ; il paroît au contraire par les termes de cette déclaration que nous venons de rapporter, & qui eſt rapportée en entier dans le traité de la police de La Marre, tom 1, pag 458 ; que ce n'eſt pas contre le joueur que cette répétition eſt accordée, mais c'eſt contre celui qui a prêté ſa maiſon pour jouer : la Loi prononce cette peine contre lui, pour le punir d'avoir donné lieu à la perte du jeu en prêtant ſa maiſon.

On peut voir dans le traité de police les Arrêts & Réglemens de Police contre ceux qui donnent à jouer, ſur-tout aux jeux de Pharaon, la Baſſette, Lanſquenet & autres.

CHAPITRE III.

*Si le jeu produit quelqu'obligation, & si
on est obligé de restituer ce qu'on a gagné
au jeu à ceux qui l'ont perdu.*

49. LEs anciennes Ordonnances de
nos Rois ayant défendu tous
les jeux à l'exception de ceux qui font
propres à exercer au fait des armes, &
n'ayant fait aucune distinction à l'égard
de tous les autres jeux, entre ceux
qui font jeux d'adresse, & ceux qui font
jeux d'hazard, ni entre le gros jeu,
& le petit jeu, c'étoit une conséquence
que les jeux, quels qu'ils fussent, à l'exception, de ceux propres à exercer au
fait des armes, ne pussent produire d'o-
bligation civile, & que les joueurs ne
dussent pas être reçus à pourfuivre en
justice le payement de ce qu'ils auroient
gagné au jeu.

50. Quoique par la fuite la défense
des jeux ait été bornée aux jeux de hazard, néanmoins la jurifprudence s'est
confervée de dénier l'action pour le jeu,
à l'égard de quelque jeu que ce fût.

La raifon eft que quoique la défenfe des

jeux ne subsiste aujourd'hui qu'à l'égard
des jeux de hazard, les autres jeux sont
plutôt tolérés qu'autorisés, ou s'ils sont
permis, ils ne le font que comme sim-
ples récréations, & ne font point consi-
dérez comme actes de commerce destinés
à produire des droits & des obligations ;
c'est pourquoi les joueurs peuvent bien
recevoir honnêtement & licitement les
sommes modiques qu'ils ont gagnées en
jouant à un petit jeu, mais quelque permis que soient ces petits jeux, ils ne le
font pas jusqu'au point de donner aux
joueurs une action pour poursuivre en
justice le payement des sommes qu'ils y
ont gagnées.

51. A l'égard des jeux propres à exercer au fait des armes, ces jeux étant expressément autorisés par les loix, on doit
donner une action aux joueurs pour le
payement de ce qu'ils ont gagné à ces jeux.
Par exemple, si plusieurs personnes ont
joué ensemble un écu au profit de celle
d'entr'elles qui tireroit le plus juste son
coup de fusil dans un blanc ; ce jeu étant
un jeu propre à exercer pour le fait des
armes, & expressément autorisé, je pense
que le gagnant doit avoir une action pour
contraindre au payement de l'écu les re-
fusants.

Mais si on avoit joué, mêmes aux jeux

de cette espéce, des sommes excessives, je crois que l'action devroit être déniée au gagnant; car la fin de ces jeux n'est plus alors celle de faire connoître son habileté dans un exercice utile, mais celle de s'enrichir en dépouillant ceux contre qui on joue, qui est une fin deshonnête. C'est pourquoi Justinien comme nous avons vû ci-dessus, fixe la somme qu'on pouvoit jouer licitement à ces jeux d'exercice; n'étant pas fixée parmi nous, elle doit être laissée à l'arbitrage du juge.

52. La plus grande difficulté sur l'obligation du jeu, concerne le for de la conscience : c'est une question controversée si dans ce for celui qui a perdu sur sa parole une somme considérable à des jeux défendus est obligé de la payer, ou si au contraire celui qui l'a gagnée n'est pas obligé de la restituer au perdant qui l'a lui auroit payée. On peut examiner cette question dans deux cas différens, 1°. dans le cas auquel la loi civile condamne le jeu sans donner d'action aux perdants pour la répétition des sommes qu'ils ont perdues au jeu. 2°. Dans le cas auquel la loi civile donneroit aux perdants cette répétition.

§. I.

Examen de la question dans le cas auquel la Loi Civile condamne le jeu, sans néanmoins accorder aux perdants la répétition des sommes perdues au jeu.

53. C'est le cas auquel nous nous trouvons dans les Provinces du Royaume qui ne sont pas régies par le droit écrit : les loix Romaines qui donnent aux joueurs la répétition de ce qu'ils ont perdu au jeu étant des loix positives, n'y ont pas force de loi ; nous n'avons dans ces provinces de loix civiles sur le jeu, que les ordonnances de nos Rois, les arrêts & réglements de Police faits en exécution ; or, toutes ces loix se bornent à condamner les jeux, à prononcer de grosses amendes contre ceux qui donnent à jouer, & à denier l'action pour ce qui a été gagné au jeu ; mais il n'y a aucune de ces loix, qui donne aux perdants, lorsqu'ils sont majeurs, la répétition des sommes qu'ils ont perdues au jeu. L'ordonnance de Charles IX que nous avons rapportée au Chapitre précédent, en accordant cette répétition aux mineurs suppose clairement que les majeurs qui ont perdu au jeu des sommes considérables n'en ont

pas la répétition lorsqu'ils les ont payées : *nam qui dicit de uno negat de altero* ; & ce qui y est dit *sans approuver les jeux entre majeurs*, est une improbation du jeu qui peut bien faire dénier aux gagnants l'action, mais qui n'est pas suffisante pour faire donner une action aux perdants pour la répétition des sommes qu'ils ont perdues au jeu, lorsqu'ils les ont payées.

54. Quoique les gagnants ne soient obligés par aucune loi civile à la restitution des sommes qu'ils ont gagnées au jeu, ne sont-ils pas obligés à cette restitution dans le for de la conscience, ou au contraire les perdants ne sont-ils pas obligés dans ce for à payer les sommes qu'ils ont perdues, quoique la loi civile ne donne pas d'action pour les y contraindre? c'est ce qu'il s'agit ici d'examiner.

La question est très-controversée. Ceux qui soutiennent que le joueur qui a gagné au jeu est obligé dans le for de la conscience de restituer ce qu'il a gagné à celui à qui il l'a gagné se fondent sur ce raisonnement ; on ne peut pas retenir justement ce qu'on a acquis sans cause ou pour une cause injuste; or, une somme considérable qu'un joueur a gagnée à un jeu de hazard condamné par les Loix, est acquise par une cause injuste, donc il ne peut pas la retenir en conscience & il doit la restituer.

ceux qui tiennent l'opinion contraire répondent qu'il faut diftinguer, entre une caufe qui eft mauvaife & injufte en elle même & intrinféquement, & celle qui ne contient en foi & intrinféquement aucune injuftice, & qui n'eft mauvaife que par quelque vice qui lui eft extrinféque. Lorfque la caufe eft mauvaife en foi, c'eft le cas de l'obligation de reftituer; par exemple, lorfque j'ai reçu de vous un gros intérêt ufuraire en exécution d'un contrat ufuraire, je fuis obligé à reftitution, parce que le contrat ufuraire qui eft la caufe de mon acquifition, eft mauvais en foi & renferme intrinféquement une injuftice.

Il en eft autrement lorfque la caufe de l'acquifition ne renferme en foi aucune injuftice, & n'a qu'un vice qui lui eft extrinféque; par exemple, lorfque j'ai fait un bail à loyer d'un appartement dans ma maifon à un Abbé qui eft collateur d'un grand nombre de bénéfices, dans la vue de faire connoiffance avec lui & d'en obtenir un; quoique cette fin foit deshonnête & fimoniaque, quoique ce foit cette fin feule qui m'ait porté à faire un bail de cet appartement que j'aurois fans cela occupé par moi même avec le refte de la maifon, cette fin qui m'a porté à faire le contrat du bail à loyer, étant quelque chofe d'extrinféque à ce contrat lequel en foi eft équitable & ne renferme aucune injuftice, ce contrat ne laiffera pas d'être un titre & une caufe légitime de l'acquifition des fommes d'argent qui me feront payées pour les loyers de mon appartement en exécution de ce contrat.

Pareillement lorfque je vous ai acheté une chofe pour une rente viagere qui a été éteinte par votre mort qui eft furvenue peu après ; quoique je n'aye eu d'autre vue en faifant ce contrat, que le défir de m'enrichir à vos dépens par votre mort prochaine dont je me flattois, & que je défirois ardemment, néanmoins fi la rente viagere pour laquelle j'ai acheté votre héritage étoit, eu égard à votre âge & à la fanté dont vous jouiffiez lors du contrat, le jufte prix de votre héritage, ce contrat quelque deshonnête qu'en ait été la fin, n'étant pas mauvais en foi & ne renfermant aucune juftice, eft un titre & une caufe très-légitime de l'acquifition que j'ai faite de l'héritage.

Pareillement lorfqu'un Marchand vend un jour de Dimanche pendant la grande Meffe une marchandife de fa boutique à quelqu'un, quoique cette vente ait un vice par la contravention qu'elle renferme aux loix de police qui défendent aux Marchands de vendre dans leurs boutiques pendant l'office Divin; néanmoins cette contravention étant quelque chose d'extrinseque au contrat de vente, si le contrat de vente ne contient en soi aucune injustice, & que la marchandise n'ait pas été vendue au-delà du juste prix, le contrat de vente quoique fait en contravention des loix de Police, ne laissera pas d'être un juste titre & une juste cause de l'acquisition que ce Marchand a faite de la somme qui lui a été payée pour le prix de cette vente.

55. Pour faire au jeu l'application de cette distinction, il faut voir en quel sens on peut dire que le contrat du jeu est mauvais & illicite. Est-il mauvais en lui même ? Renferme-t-il en lui-même quelqu'injustice ? Nous avons établi au premier chapitre que le contrat du jeu en soi ne renferme aucune injustice, pourvu que les joueurs ayent joué des choses dont ils avoient le droit de disposer, qu'il ayent joué librement, qu'il y ait eu égalité dans les conditions du contrat, & fidélité dans l'exécution.

Il n'y a de mauvais dans le contrat du jeu, que la fin qui porte les joueurs à jouer qui est toujours un désir déréglé du gain lorsqu'ils jouent gros jeu, & la contravention aux loix civiles qui défendent les jeux de hazard ; cette fin deshonnête, cette contravention à la loi civile étant des choses extrinseques au contrat du jeu, n'empêchent pas que ce contrat lorsqu'il ne contient en foi aucune injustice vis-à-vis de la personne contre qui j'ai joué, ne puisse être une juste cause d'acquisition des sommes que j'ai gagnées au jeu ; de même que la vente faite par un Marchand dans sa boutique pendant l'office Divin est une juste cause de l'acquisition que ce Marchand a faite de la somme d'argent qui lui a été donnée pour le prix de cette vente, quoique cette vente soit mauvaise par rapport à la circonstance du temps dans lequel elle a été faite, parce que le vice est extrinseque, & qu'il suffit que le contrat en foi ne contienne aucune injustice vis-à-vis de la personne à qui ce Marchand a vendu sa marchandise.

Lorsque la loi civile pour de bonnes raisons défend un contrat qui ne contient en foi aucune injustice, l'effet de la loi est de rendre ceux qui contreviennent à la loi sujets à des peines comme à des amendes, à des confiscations : l'effet de la loi est de dénier toute action pour l'exécution du contrat qu'elle défend ; ce n'est qu'en ce sens qu'on dit : *nullum pactum, nullum conventum, lege contrahere prohibente* ; c'est-à-dire, que la loi le prive d'exécution dans le for extérieur ; mais le contrat, quoique fait en contravention de la loi, ne laiffe pas d'exifter ; & lorfqu'il ne renferme en foi aucune injuftice de l'une des parties envers l'autre, il oblige dans le for de la confcience.

Suivant ces principes, l'effet de nos loix civiles qui condamnent les jeux de hazard, eft de rendre les joueurs fujets aux amendes qu'elles prononcent, leur effet eft de dénier toute action aux promeffes qui ont le jeu pour caufe ; mais le contrat du jeu quoiqu'intervenu contre la défenfe de la loi civile étant un contrat qui ne renferme aucune injuftice en foi, ne doit pas moins obliger celui qui a perdu à exécuter fon engagement & à payer la fomme qu'il a jouée, & ce contrat eft une jufte caufe de l'acquifition que le gagnant fait de cette fomme.

En effet c'eft une chofe qui réfifte évidemment à la bonne foi, qu'après vous avoir fait courir le rifque de me donner la fomme que nous avons jouée. enfemble que je comptois bien recevoir de vous fi le fort m'eût été favorable, je refufe de vous la donner lorfque vous l'avez gagnée.

56. Ceux qui foutiennent l'obligation de reftituer ce qui a été gagné au jeu, infiftent & difent que le jeu de hazard eft

mauvais non-feulement par la contravention à la loi civile, & par rapport à la
fin qui porte au jeu les joueurs, mais
qu'il eft mauvais en foi, 1°. en ce qu'il
contient une prophanation du fort qu'ils
regardent comme quelque chofe de religieux. 2°. En ce qu'il eft en foi contraire
à l'équité naturelle ; nous ne nous arrête-
rons pas à la premiere efpéce de vice
qu'on reproche au jeu, ayant été fuffifam-
ment établi au chapitre premier. art. 1. que
c'étoit fans aucun fondement qu'on attri-
buoit au fort quelque chofe de religieux,
& qu'on prétendoit que les jeux de hazard
en fuffent une prophanation. Nous
examinerons feulement fi on eft fondé à
prétendre que le gros jeu eft en foi & par
la nature même du jeu contraire à l'équité
naturelle ; pour le prouver, voici le rai-
fonnement que font ceux qui foutiennent
l'obligation de reftituer le gain du jeu :
l'équité naturelle ne permet pas, difent-ils,
de s'enrichir aux dépens d'autrui : *nemi-
nem æquum eft cum damno alterius locu-
pletari.* L. 206. ff. *de Reg. jur.* Or, le gain du
jeu, par la nature même du jeu fe fait
aux dépens de celui contre qui on joue &
fouvent par la ruine entiere de celui contre qui on joue : le gain qu'on fait au jeu
eft donc par la nature même du jeu, un

gain contraire à l'équité & ne peut par conséquent être licitement retenu.

La réponse est facile : la loi de l'équité naturelle qui défend de s'enrichir aux dépens d'autrui, n'a d'application qu'au cas auquel je m'enrichirois aux dépens de quelqu'un, sans lui avoir payé en aucune maniere que ce soit le prix de la chose dont je m'enrichis à ses dépens. Par exemple, lorsque quelqu'un a ensemencé mon champ par erreur croyant ensemencer le sien ; quoique la récolte qui est née de la semence qu'il a jettée dans mon champ m'appartienne, étant une accession de mon champ, je pécherois contre l'équité, si je ne lui remboursois le prix de cette semence, parce que j'en profiterois, & je m'en enrichirois à ses dépens.

Mais cette régle qui ne permet pas de s'enrichir aux dépens d'autrui, n'a pas d'application & ne peut pas être opposée dans le cas auquel celui qui s'enrichit aux dépens d'un autre, lui a payé en quelque maniere le prix de la chose dont il s'est enrichi à ses dépens. Par exemple, si vous m'avez vendu pour une grosse rente viagere un héritage, & que peu de jours après vous ayez perdu la vie par un accident imprévu, je peux très-licitement & très-équitablement retenir cet héritage

que vous m'avez vendu à rente viagere
fans qu'on puiffe m'oppofer que l'équité
ne permet pas de s'enrichir aux dépens
d'autrui ; car je vous ai payé le prix de
cet héritage, par le rifque que j'ai couru
de vous payer le double & le triple de fa
valeur, fi vous euffiez vêcu long-temps ;
& quoiqu'alors ce que je vous ai donné
en payement, ne fut pas de l'argent ni
aucune autre chofe phyfique, le payement
n'en eft pas moins véritable : ce rifque
que j'ai couru, & par lequel je vous ai
payé, étant un être moral & apprétia-
ble, qui peut auffi bien fervir de prix de
votre héritage, comme de l'argent ou
toute autre chofe.

Il en eft de même du jeu, lorfque je
vous ai gagné une groffe fomme au jeu :
la régle d'équité qui ne permet pas de
s'enrichir aux dépens d'autrui ne peut pas
plus m'être oppofée que dans l'efpèce
précédente ; car je vous ai pareillement
payé le prix de ce que je vous ai gagné
par le rifque que j'ai couru de vous en
donner autant, fi le fort vous eût été favorable ; fi je ne vous ai pas payé par quelque chofe de phyfique, je vous ai payé
par le rifque que j'ai couru qui eft un être
moral, & qui étant parfaitement égal à
celui que vous avez couru, ne laiffe aucune injuftice dans le contrat.

57. On insiste encore & on dit; n'est-
ce pas une chose contraire à la raison que
la chute des Dez sous une certaine face
ou un partage de Cartes, fasse qu'une
somme d'argent doive appartenir à Pierre
plutôt qu'à Jean; c'est néanmoins ce qui
arrive dans le jeu : le jeu est donc en soi
contraire à la raison, & par conséquent
au droit naturel.

On répond que la chûte des Dez sous
une certaine face n'est pas dans le jeu la
cause qui fait passer au gagnant la somme
que le perdant a jouée contre lui, elle
est seulement la condition sous laquelle
le perdant est convenu de donner cette
somme au gagnant; c'est cette convention
qui est la cause de l'acquisition que le gagnant fait de cette somme; or, cette convention n'a rien de contraire au droit naturel; le perdant étant un majeur qui
avoit le droit de disposer à son gré de ce
qui étoit à lui, au profit de qui bon lui
sembloit, même sans condition, avoit
aussi le droit d'en disposer, sous telle
condition que bon lui sembleroit, pourvu
qu'elle ne fut ni impossible ni contraire aux
bonnes mœurs; il nous est permis de faire
dépendre la disposition que nous faisons
de nos biens & nos conventions, de conditions fortuites & qui dépendent du pur
hazard comme on le peut voir *passim* aux
titres

tres du Digeſte & des inſtitutes *de verb.*
oblig.

58. Après avoir rapporté ce qu'on dit
de part & d'autre pour ou contre l'obligation de reſtituer ce qui a été gagné au
jeu, s'il m'eſt permis de dire mon avis ,
j'incline à penſer que ceux qui ont perdu
en jouant ſur leur parole à des jeux défendus des ſommes conſidérables , ſont
obligés dans le for de la conſcience de les
payer, & que celui qui les a gagnées ,
n'eſt pas obligé de les reſtituer , pourvu
que les quatre conditions que nous avons
rapportées au chapitre premier, qui ſont
requiſes pour que le jeu ne renferme en
ſoi aucune injuſtice , ſe trouvent avoir
concouru : néanmoins , ſi un joueur s'é-
toit enrichi à jouer des jeux défendus ,
(ce qui n'arrive gueres , étant ordinaire
que les joueurs de profeſſion ſe ruinent
plutôt qu'ils ne s'enrichiſſent) comme en
jouant à ces jeux défendus il a griéve-
ment offenſé Dieu, je penſe que la ſatis-
faction qu'il doit à la Juſtice Divine pour
ſon péché , & le regret qu'il doit avoir
de l'avoir commis , doivent le porter à
ne pas vouloir profiter du gain qu'il a fait
en péchant, & à s'en dépouiller ſoit en
le rendant à ceux qui ont perdu , ſoit en
l'appliquant à des œuvres pieuſes. Cette
obligation eſt de l'eſpece de celles que

P

nous avons appellées en notre traité des obligations , *n.* 1. *obligations imparfaites,* dont nous ne sommes comptables qu'à Dieu , & qui ne donnent à personne aucun droit contre nous ; c'est pourquoi ceux qui en jouant volontairement & de leur plein gré , ont perdu de bonne grace les sommes dont ce joueur s'est enrichi au jeu , n'ont aucun droit de les lui redemander : néanmoins je pense que s'il a connoissance des personnes qui ont souffert une diminution considérable dans leur fortune par les pertes qu'ils ont faites en jouant contre lui , il ne peut faire un meilleur emploi du bien qu'il a gagné au jeu , & dont il veut se dépouiller, qu'en l'employant à rendre à ces personnes les sommes qu'il leur a gagnées , & qu'il ne doit appliquer en œuvres pieuses le gain qu'il a fait au jeu que subsidiairement , & lorsqu'il ne connoît pas ceux qui se sont notablement incommodés en jouant contre lui.

§. II.

Examen de la question dans les Pays où il y auroit une Loi en vigueur qui donneroit aux Perdants une action pour la répétition des sommes qu'ils ont perdues au jeu contre les gagnants qui les ont reçues.

59. Dans les Provinces où il y auroit une pareille loi en vigueur, le contrat du jeu ne peut pas obliger même dans le for de la conscience les perdants à payer les sommes qu'ils ont perdues au jeu ; car il répugne qu'ils puissent être obligés à payer, ce que les gagnants seroient obligés de leur restituer s'ils l'avoient payé ; or il n'est pas douteux qu'en supposant qu'il y ait dans un pays une loi qui ordonne la restitution de ce qui a été gagné au jeu, les joueurs ne soient obligés à cette restitution dans le for de la conscience, aussi bien que dans le for extérieur ; car les Loix civiles obligent dans l'un & l'autre for ceux qui y sont sujets ; les perdants ne peuvent donc pas être obligés même dans le for de la conscience à leur payer les sommes qu'ils ont perdues.

Néanmoins Barbeyrac dans son traité du jeu, *liv.* 3, *ch.* 9, *n.* 15, prétend que même dans les pays où il y auroit une Loi qui donneroit une action pour la répétition de ce qui a été perdu au jeu, le perdant ne peut pas en conscience avoir recours à cette loi pour se dispenser de payer ce qu'il a perdu au jeu, ni encore moins pour le répéter, parce que ce seroit une chose contraire à la bonne foi, qu'après avoir joué avec vous contre la défense de la Loi, dans la confiance que vous ne vous prévaudriez pas contre moi de cette Loi, si vous perdiez, je voulusse m'en prévaloir contre vous, lorsque c'est moi qui perd, & que je refusasse de vous payer cette somme qui est le prix du risque que je vous ai fait courir, de m'en payer autant si j'eusse gagné.

Mais comment peut-il se faire que je sois obligé dans le for de la conscience à vous rendre cette somme, pendant qu'on suppose qu'il y a une Loi en vigueur qui vous oblige dans l'un & l'autre for à me la rendre si je vous l'avois payée ? Barbeyrac répond à cela que la Loi de Justinien en ordonnant la restitution de ce qui a été gagné au jeu, ne fait pas ce commandement aux joueurs, mais qu'elle commande aux

Juges de condamner les gagnants à cette
reſtitution lorſqu'elle ſera demandée, non
comme ayant reçu la ſomme induement,
mais par forme de peine de leur contravention à la Loi : d'où Barbeyrac conclud
que les joueurs ne ſont pas obligés même
par cette Loi dans le for de la conſcience à la reſtitution de ce qu'ils ont gagné
au jeu, ſi ce n'eſt lorſqu'ils y ont été con-
damnés.

Ce qu'ajoute Barbeyrac au *n.* 16. eſt
encore plus ſingulier : après avoir dit au
n. 15. que le joueur qui avoit perdu ne
pouvoit pas dans le for de la conſcience,
ſe ſervir de la Loi de Juſtinien, quand même on la ſuppoſeroit en vigueur, pour ſe
diſpenſer de payer ce qu'il a perdu au jeu,
ni pour le répéter ; il dit au *n.* 16. que l'héritier du joueur qui a perdu, peut dans
le for de la conſcience profiter de la Loi
de Juſtinien dans le pays où elle ſeroit en
vigueur, pour répéter dans les cinquante
ans les ſommes perdues au jeu par le défunt, contre celui qui les lui a gagnées,
parce que n'ayant pas lui-même contracté
l'engagement de payer la ſomme perdue
au jeu par le défunt, il n'offenſe pas la
bonne foi, en profitant de la Loi qui lui
en accorde la reſtitution. Cela me paroît
abſurde ; car ſi, comme le prétend Bar-

beyrac, le joueur qui a perdu nonobſtant la Loi qui lui accorde la répétition de la ſomme qu'il a perdue , devoit véritablement dans le for de la conſcience la ſomme qu'il a perdue ; s'il l'a payée duement, il n'avoit pas le droit de la répéter ; mais s'il ne l'avoit pas, ſon héritier ne peut pas l'avoir ; car s'il ne l'avoit pas, ſon héritier n'a pas pu le trouver dans ſa ſucceſſion ; il n'a pas pu tranſmettre à ſon héritier un droit qu'il n'avoit pas lui-même.

Ce que dit Barbeyrac que la Loi de Juſtinien commande ſeulement au Juge de contraindre le joueur à la reſtitution de ce qu'il a gagné au jeu , lorſque la reſtitution en eſt demandée , mais qu'elle ne commande pas au joueur de faire cette reſtitution , & qu'elle ne lui en impoſe point l'obligation, s'il n'y eſt condamné , n'eſt pas plus ſoutenable ; car l'action que cette Loi donne au perdant contre le gagnant pour la reſtitution de la ſomme perdue au jeu , ſuppoſe néceſſairement une obligation impoſée par cette Loi au gagnant de reſtituer cette ſomme.

Une action perſonnelle , telle qu'eſt cette action , ne peut naître que d'une obligation contractée envers celui qui l'intente , par celui contre qui elle eſt in-

tentée ; c'eſt ce qui réſulte de la définition qu'on donne de l'action : *actio eſt jus
perſequendi in judicio quod ſibi debetur.*
L'action que la Loi de Juſtinien donne au
perdant pour la reſtitution de la ſomme
perdue au jeu ſuppoſe donc une obligation
impoſée par cette Loi au gagnant de reſtituer cette ſomme ; le gagnant eſt donc ,
dans les pays où la Loi ſeroit en vigueur,
obligé dans l'un & l'autre for à la reſtitution des ſommes qu'il a gagnées au
jeu, & par conſéquent celui qui les a
perdues ne peut dans ces pays être obligé dans le for de la conſcience de les
payer.

Cette vérité eſt reconnue par la Pla-
cette dans ſon traité des jeux de haſard ,
dans lequel il établit qu'on n'eſt pas obligé à reſtituer le gain du jeu ; il reconnoît
que ſon principe reçoit exception dans
les lieux où il y a une Loi civile en vigueur qui l'ordonne.

60. Dans nos Provinces qui ſe régiſſent
par le droit Romain , la Loi de Juſtinien
contre les jeux eſt-elle en vigueur? C'eſt
une queſtion de fait dont la déciſion doit
être laiſſée aux Juges & aux Avocats de
ces Provinces , qui ſont en état de certi-
fier l'uſage qui s'y obſerve à cet egard.
Quoique les peuples de ces Provinces

aient adopté le corps des Loix Romaines, il y en a néanmoins qui ont été abro-
gées par l'usage.

Fin du Traité du Jeu.

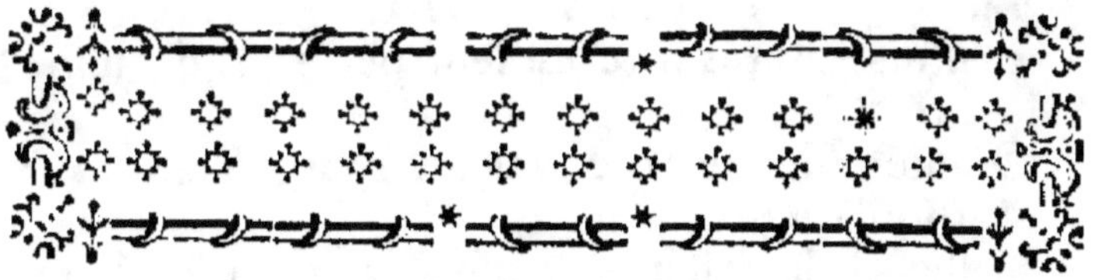

TABLE
DES MATIERES,

CONTENUES dans le Traité des Contrats Aléatoires.

A

L

R

Fin de la Table des Matieres.

www.ingramcontent.com/pod-product-compliance
Lightning Source LLC
LaVergne TN
LVHW012213170726
843503LV00005B/2045